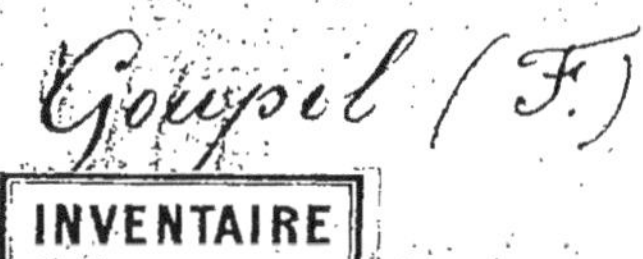

LE DESSIN

EXPLIQUÉ A TOUS

APPLIQUÉ A L'INTELLIGENCE DE LA NATURE

ET A L'ÉTUDE DES ARTS

QUI, TOUTES DEUX, RÉVÈLENT A L'HOMME LA CONNAISSANCE
DU BEAU !

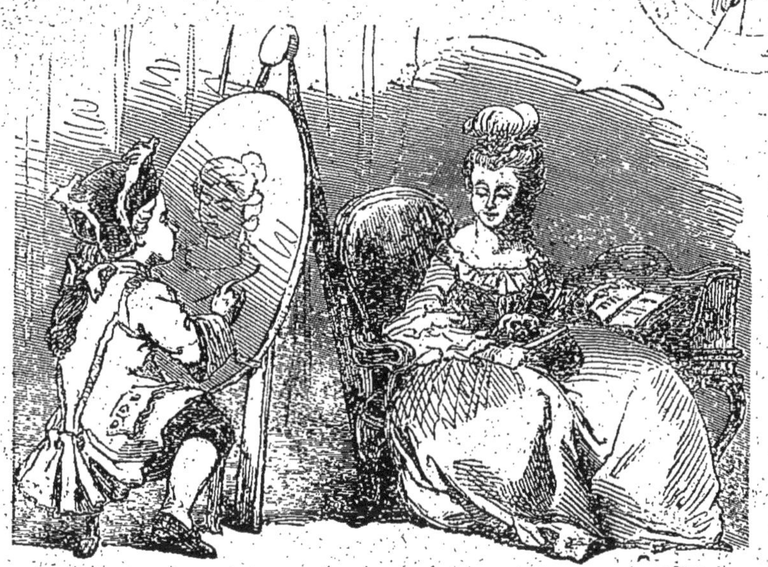

PARIS

D. RENAULD
10, Quai du Louvre, 10

ARNAULD DE VRESSE
55, rue de Rivoli, 55

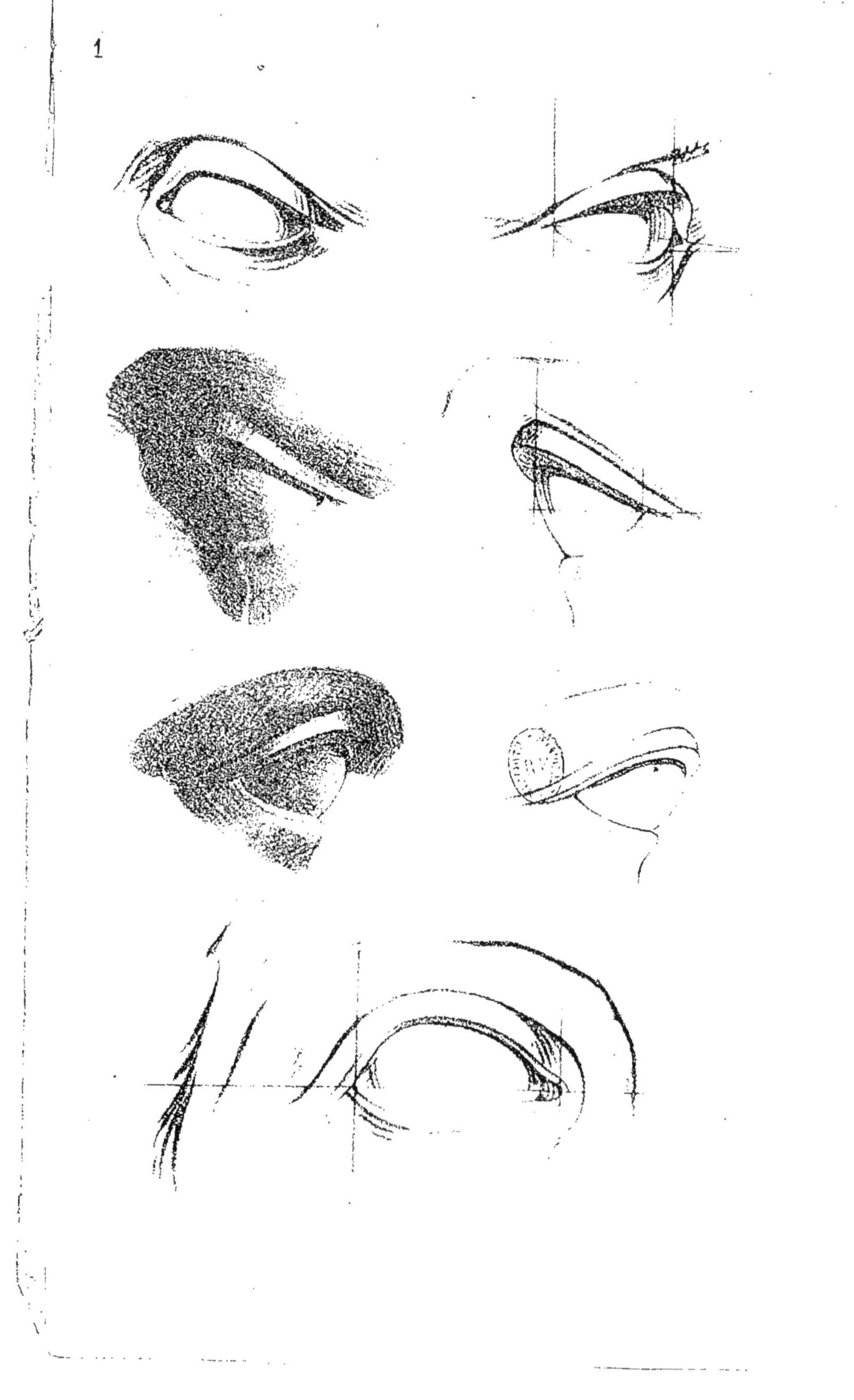
1

LE DESSIN

EXPLIQUÉ A TOUS

APPLIQUÉ A L'INTELLIGENCE DE LA NATURE

ET A L'ÉTUDE DES ARTS

QUI, TOUTES DEUX, RÉVÈLENT A L'HOMME LA CONNAISSANCE DU BEAU !

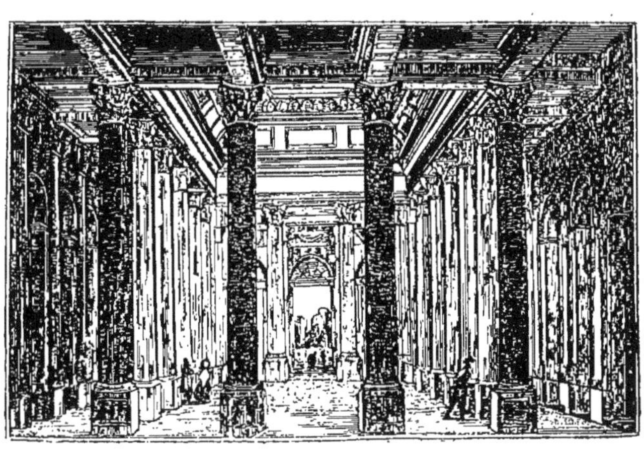

PARIS

D. RENAULD
10, Quai du Louvre, 10

ARNAULD DE VRESSE
55, rue de Rivoli, 55

TABLE DES MATIÈRES

LE

DESSIN EXPLIQUÉ

LECTURE DES FORMES

Pour parvenir à bien dessiner, il faut apprendre d'abord à bien voir, puis à raisonner sur ce que l'on voit, et exercer la main par l'habitude en dessinant très-fréquemment.

Pour bien voir, il est indispensable de se bien placer devant son modèle, c'est-à-dire ni trop loin ni trop près, et bien en face de l'objet.

Le dessin est l'art d'imiter par le trait et l'ombre les formes que tous les objets présentent à nos yeux. L'architecture, la sculpture et la peinture s'appellent les arts du dessin, c'est-à-dire que la connaissance du dessin en est la base.

Ce traité s'adresse aux personnes qui savent lire et

écrire sans aucune autre notion de dessin que celle du tracé des caractères de l'écriture, qui est elle-même du dessin ; nous y ferons premièrement observer, que dans le dessin, qui a toujours pour but d'imiter ou copier exactement un modèle aussi bien que d'imaginer soi-même en les créant des formes capricieuses telles que l'ornement qu'on invente, *on trace des lignes* de trois genres : droites, courbes et mixtes.

Le mot ligne vient du latin *linea*, fil de lin ; les lignes sont comme des fils généralement, néanmoins dans l'écriture les déliés seuls sont comme des fils et prennent le nom de pleins quand on les renfle et leur donne de l'épaisseur. On apprend à lire avant d'apprendre à écrire. Nous apprendrons donc premièrement à *lire* les formes que nous voyons, avant d'apprendre à les dessiner, copier ou imiter.

Les formes égales sont de même grandeur, les formes semblables diffèrent par la grandeur seulement.

RELIEF

Le relief est l'apparence des saillies et des creux des objets que nous regardons. C'est uniquement par la manière d'ombrer, appelée entente du *clair-obscur*, qu'on produit l'illusion du relief. On ne peut donc donner l'aspect de rondeur saillante à une boule qu'en ombrant de certaine façon l'intérieur du cercle.

NOMS DES LIGNES ET DES FORMES

SUIVANT LEURS DIRECTIONS

Un point est censé l'extrémité, le commencement ou la fin d'une ligne. Le point est pour l'œil considéré comme ce qu'on est capable d'imaginer de plus petit en dessin; c'est la trace la plus minime que puisse laisser au papier la plus fine extrémité de notre crayon ou de notre plume. On conçoit que si notre plume a le bec large, le point sera déjà une espèce de ligne; il en sera de même si notre crayon est taillé carrément ou présente une facette; le point ou la trace qu'il laissera sera plus ou moins épaisse et carrée; mais, en parlant du point, il sera toujours supposé qu'il doit être rond et très-petit, comme la pointe d'un compas.

L'horizon dans la nature est, pour ainsi dire, le bord de la terre, sa limite visible; lorsqu'en pleine mer nous contemplons l'immense spectacle qui nous entoure, l'horizon s'offre à nous sous la forme d'une ligne droite, qui semble nous envelopper de tous côtés : c'est ce qu'on nomme la ligne horizontale infinie ou indéfinie. Comme nos idées ne se forment que par comparaisons successives, nous appliquons l'idée de ligne ou direction horizontale à toute ligne qui, par

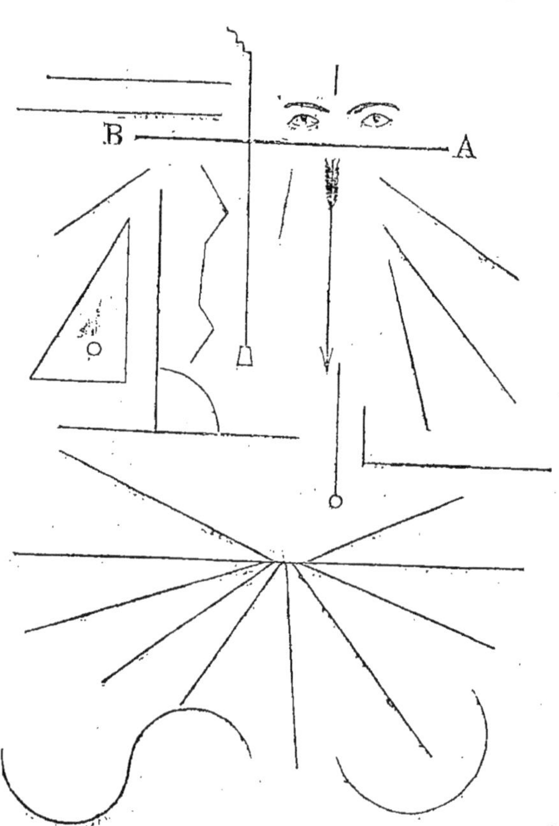

La forme de l'œuf, dite ovoïde, est une boule allongée ayant un bout plus petit que l'autre.

La règle ne peut s'appliquer en aucun sens ni sur une boule ou sphère, ni sur l'ovoïde.

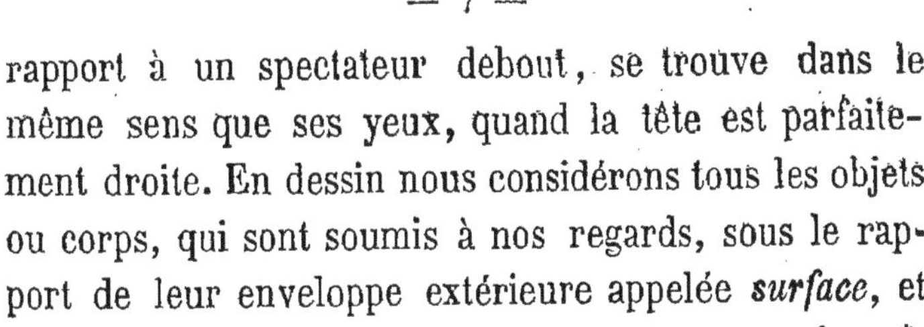

rapport à un spectateur debout, se trouve dans le même sens que ses yeux, quand la tête est parfaitement droite. En dessin nous considérons tous les objets ou corps, qui sont soumis à nos regards, sous le rapport de leur enveloppe extérieure appelée *surface*, et sous le rapport du *contour* ou limite de ces surfaces *.

Après la ligne horizontale, il est bon de faire connaître la ligne *verticale*. Ce mot vient du latin *vertex*, tête. Sa direction est sensée partir de la tête du spectateur debout pour aller vers les pieds, c'est la ligne inflexiblement invariable du fil au bout duquel est suspendu un bout de plomb ou tout autre corps pesant. Le fil à plomb des maçons sert à vérifier la verticalité de leurs ouvrages.

L'horizontale est invariable comme la *verticale*. Les directions de lignes qui ne sont ni horizontales ni verticales sont obliques, biaises ou transversales quand elles traversent certaines figures : des lignes *parallèles* sont celles qui, comparées entre elles, conservent tou-

* On nomme surface plane celle sur laquelle on peut partout appliquer une règle. La sphère est une surface courbe dont tous les points sont à égale distance du centre. Une boule est égale en longueur, largeur et épaisseur, n'importe où vous la mesurez. Un rouleau de papier est une surface courbe, la règle s'y applique en longueur seulement. Le cône a pour base un cercle plan et se termine par une surface courbe qui enveloppe le cercle et finit par un point. Un pain de sucre, un éteignoir sont des cônes ; sur la surface courbe et dite conique on peut appliquer la règle dans un seul sens de la pointe ou sommet à la base. La forme du cylindre est une surface courbe circulaire comme celle d'un bâton rond et terminée par deux cercles parallèles. La règle s'y applique sur un seul sens de la surface courbe.

jours une distance égale. Les fils de fer d'une cage sont parallèles entre eux, les barres d'une grille, d'un treillage, etc. La croix d'un clocher offre dans la partie la plus longue une verticale et dans la partie courte une horizontale.

ANGLES FORMÉS PAR DES DROITES

OU ANGLES RECTILIGNES

Quand deux lignes droites se rencontrent, ou marchent l'une vers l'autre dans une certaine inclinaison, elles forment : 1° des *angles,* ou 2° en formeraient si elles étaient prolongées. Ces angles prennent des noms différents suivant leur nature. Le point de réunion de ces lignes se nomme *sommet de l'angle.*

Une ligne verticale forme avec une ligne horizontale un angle appelé droit, qui est celui de l'équerre de bois en usage pour le dessin. *L'angle droit* est un angle *invariable*, comme la direction verticale et la direction horizontale. On peut toujours construire un angle droit ou une équerre parfaite, en ployant sur lui-même le bord droit d'une feuille de papier de façon que la partie droite vienne exactement s'appliquer ou *coïncider* en tout point le long de la partie gauche. *L'équerre*, le compas et la règle sont les instruments le plus indispensables au dessinateur. En reportant successivement quatre fois autour d'un seul point le tracé de l'angle droit, on voit qu'une surface *plane* (c'est-à-dire sur laquelle on peut toujours appliquer une règle *en tous sens*) est complétement occupée et remplie par quatre angles droits. *L'angle aigu* est plus petit que l'angle droit, l'angle obtus est au contraire plus grand.

Les angles formés par des courbes se nomment angles curvilignes. Dans le dessin d'imitation les angles sont d'une variété infinie, excepté l'angle droit.

Puisque le dessin consiste à saisir à la vue la forme et l'étendue de tous les objets, pour en reproduire une image fidèle, il est important que la figure humaine, les animaux, les fleurs, le paysage, les marines, les intérieurs, et généralement ce qui est du domaine du dessin, soient soumis aux mêmes règles ; les moyens théoriques et pratiques servant à les représenter devront être absolument les mêmes.

Les premiers essais de dessin auront spécialement pour objet d'exercer l'œil et la main à la rectitude et à la précision ; ils se borneront à poser des points sur le papier, à différentes distances, et à les joindre par des lignes droites, en les éloignant de plus en plus. On s'accoutumera d'abord à diviser, à vue d'œil, une ligne droite en parties égales, qu'on vérifiera ensuite avec un compas. On tracera un cercle au compas et, partant d'un point tracé en dedans ou en dehors de ce cercle, on décrira un autre cercle intérieur ou extérieur, ce qui forcera l'œil à maintenir le crayon toujours à égale distance de la courbe, ou parallèlement à celle-ci. Tirer les lignes droites parallèles entre elles, à égales distances, horizontalement et verticalement, ou obliquement de droite à gauche et de gauche à droite, et en vérifier l'exactitude au moyen de la règle, sont une infaillible méthode.

On s'attachera également à acquérir de la légèreté de main en évitant de passer et repasser dix fois sur le même trait, habitude trop fréquente qu'on peut appeler le bégaiement linéaire des écoliers.

Passer au trait et à la plume, aussi finement et franchement que possible, sur papier végétal, une bonne gravure au trait, est le remède à employer pour surmonter ce défaut.

OBSERVATIONS UTILES

La pose du corps, la manière de s'asseoir, l'attitude des bras et de la tête méritent une attention particulière et de tous les instants de la part d'un dessinateur.

Ne vous installez jamais sur une table trop basse, qui force la personne à ployer la poitrine d'une façon gênante. Le torse doit être presque d'aplomb sur le siége, de façon à ce que les poignets ne se ressentent pas de la pesanteur de la partie supérieure du corps. Je conseillerai aux personnes myopes ou à vue courte de se placer sur une table haute à pupitre incliné, et sur un siége plutôt bas, par rapport à la table. On aura soin aussi de poser devant soi, bien verticalement, dans un passe-partout ou attaché sur un carton vertical, le modèle à copier. On comprend, en effet, que si ce modèle est incliné ou en biais, la forme en est altérée par l'effet du fuyant de la perspective ; un modèle qui aurait été roulé et qui ne serait pas fixé sur un carton bien plat, se déformerait aussi aux yeux du spectateur. Évitez également de vous mettre au travail immédiatement après un exercice violent : la main, l'esprit et l'œil ont besoin, pour bien dessiner, de tout le calme possible.

DESSIN A MAIN LEVÉE

ET A VUE D'ŒIL

Le tableau noir employé dans toutes les écoles pour les démonstrations de mathématiques, ou, au besoin, une grande feuille de papier-goudron collée ou tendue sur une porte, servira pour cette étude, très-nécessaire pour familiariser avec le tracé des grandes formes; joignez-y quelques morceaux de craie, une éponge ou un chiffon mouillé. On fera bien d'y pratiquer, chaque jour, des exercices de dessin linéaire; on tracera des lignes droites plus ou moins longues, des parallèles horizontales et verticales, des lignes obliques, des angles droits, aigus et obtus, des cercles de diverses grandeurs, concentriques, se croisant, etc. ;

Puis le triangle équilatéral ; fig. 13.
le triangle rectangle ; fig. 14.
le triangle isocèle ; fig. 13.
le triangle scalène ; fig. 14.
le triangle curviligne équilatéral ;
les polygones depuis le carré ;
le pentagone ;
l'hexagone, etc.

On étudiera simultanément le tracé graphique de ces figures sur le papier à la règle et au compas.

Si on prend pour modèle un relief tel qu'un cube ou un objet quelconque de la nature, pour mesurer et obtenir à l'œil la proportion exacte de deux parties, c'est-à-dire le rapport de la grandeur apparente d'une partie fuyante avec une partie de face, on emploie son porte-crayon ; pour cela on le tient verticalement et à bras tendu. Il faut observer qu'après avoir pris la plus petite grandeur qui doit être comprise entre la pointe du crayon et l'ongle du pouce, il faut baisser sa main verticalement, ayant soin qu'elle reste toujours à la même distance de l'œil; sans cette précaution on ne peut obtenir de rapport exact. On peut, pour être parfaitement sûr de ne pas éloigner ou rapprocher sa main, attacher un fil à son porte-crayon, et tenir l'autre bout entre ses dents, de manière que le fil soit tendu tout le temps que l'on mesure.

C'est toujours la plus petite grandeur qui doit être reportée sur la plus grande, afin de voir combien de fois juste, ou de fois et de fractions de fois elle y est comprise.

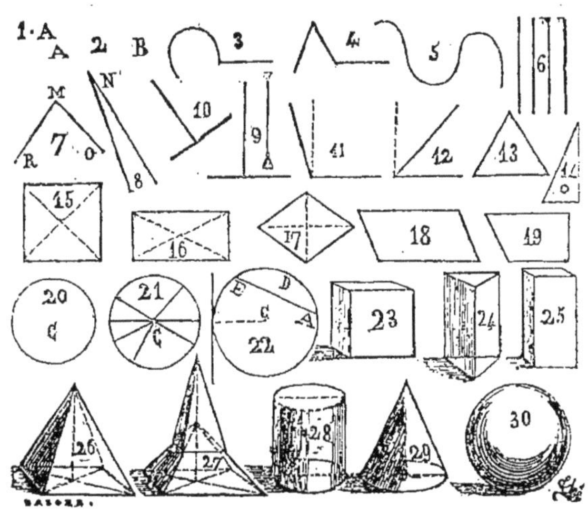

DESSIN SUR PAPIER BLANC

SOINS ET PROPRETÉ

On ne saurait trop recommander le soin, l'attention et la propreté aux personnes qui veulent réussir. On aura donc la précaution de saisir la feuille de papier sur laquelle on veut opérer, par les deux angles supérieurs, pour éviter les *cassures*, et de la poser sur un lit de quatre à cinq feuilles de papier ordinaire, sans plis ni ondulations, pour l'empêcher d'être en contact direct avec du carton, ou le bois de la table ou du pupitre, ce qui nuirait au maniement du crayon. Le garde-main posé sous les mains n'est pas moins utile.

On se placera toujours parfaitement en face du modèle, s'asseyant bien commodément, comme pour écrire. Il importe pour la facilité et la plus grande liberté d'exécution, que la tête de celui qui dessine soit toujours un peu en arrière des deux poignets, le corps étant bien d'aplomb sur le siége. On se gardera de pencher la tête à droite ou à gauche, et de mettre aussi le modèle à côté de soi, à droite ou à gauche, comme si l'on copiait dans un livre. Il doit être en face.

On fera bien, pour éviter la perte de temps, de tailler avant de se mettre à la besogne, un certain nombre de crayons tendres, demi-tendres et durs, et de se munir de mie de pain rassie, de dolage, de sauce noire et d'estompes en peau, en papier, en liége ou en moelle de sureau, sans oublier un morceau de papier de verre pour affiner la pointe des crayons.

Il faut avant tout apprendre à simplifier par la pensée tout ce qu'on voit, en le rattachant à tout ce que nous connaissons d'invariable et de régulier, qui sert de vraies mesures aux lignes et aux formes.

Nous mentionnons ici comme nécessaire à l'intelligence des ombres sur les surfaces, la connaissance des trois solides réguliers : la boule ou sphère, le cylindre ou rouleau fermé par deux cercles égaux, et le cône, forme connue du pain de sucre ou d'un cornet de papier, qu'on obtiendrait en découpant un cercle en papier et en le fendant de deux traits de ciseaux, angulairement jusqu'au centre, et collant les deux bords de l'angle qui reste vide.

Décalque à la vitre, d'après nature *.

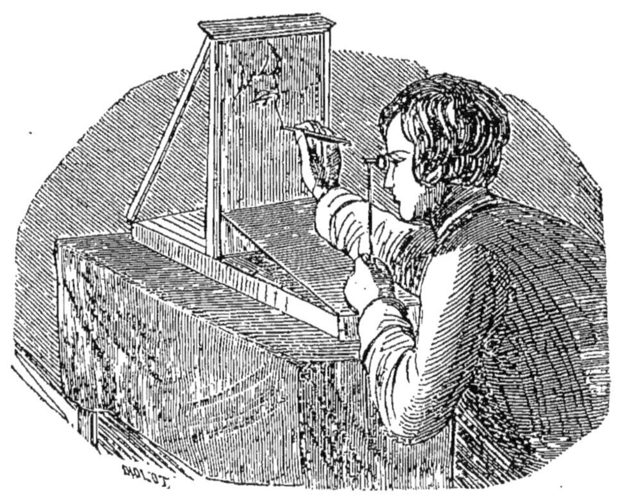

On construira soi-même avec du carton un cône, un

* On peut décalquer à la vitre en superposant à cette vitre une gaze bien tendue et fine qui laisse transparaître les objets, dont on suivra les contours avec du fusain. — On peut aussi opérer sans interposer la gaze en frottant la vitre d'essence de térébenthine qu'on y laisse sécher ; on suit les contours avec le crayon lithographique, qui adhère au verre par ce moyen.

cylindre. On se procurera une boule blanche, un œuf ou ovoïde ; en un mot la série des corps ronds géométriques, qu'on décalquera à la vitre pour les ombrer ensuite.

Après les exercices à main levée au tableau, ce sera un progrès pour l'instruction artistique de commencer par le dessin entièrement au fusain sur papier blanc. Cherchez d'abord hardiment au trait, puis ombrez du bout du doigt et perfectionnez en débarrassant, au moyen d'une estompe de peau blanche et de la mie de pain en boulettes, toutes les parties éclairées. Opérez sur un papier un peu grenu et fixez le tout en appliquant, au dos de la feuille, un mordant fait de trois parties de vernis sur une d'essence de térébenthine.

On se demande pourquoi on est convenu d'ombrer par hachures ou par lignes croisées en sens divers ce qui, dans la nature, n'offre que des dégradations variées de lumière et d'ombre. La réponse est que l'usage a prévalu, et surtout la routine professorale qui s'appliqua toujours à développer l'adresse de la main au détriment de l'intelligence.

Le meilleur mode de dessiner est celui qui emploie les moyens les plus simples du trait et de l'estompe, entremêlés de crayonnage; plus ce dernier travail général se cache lui-même, et plus l'œil est satisfait de la vérité de l'imitation, but principal qu'on veut atteindre.

Pour tracer une ligne verticale sur le papier, (ce qu'on doit toujours faire avant de commencer un dessin

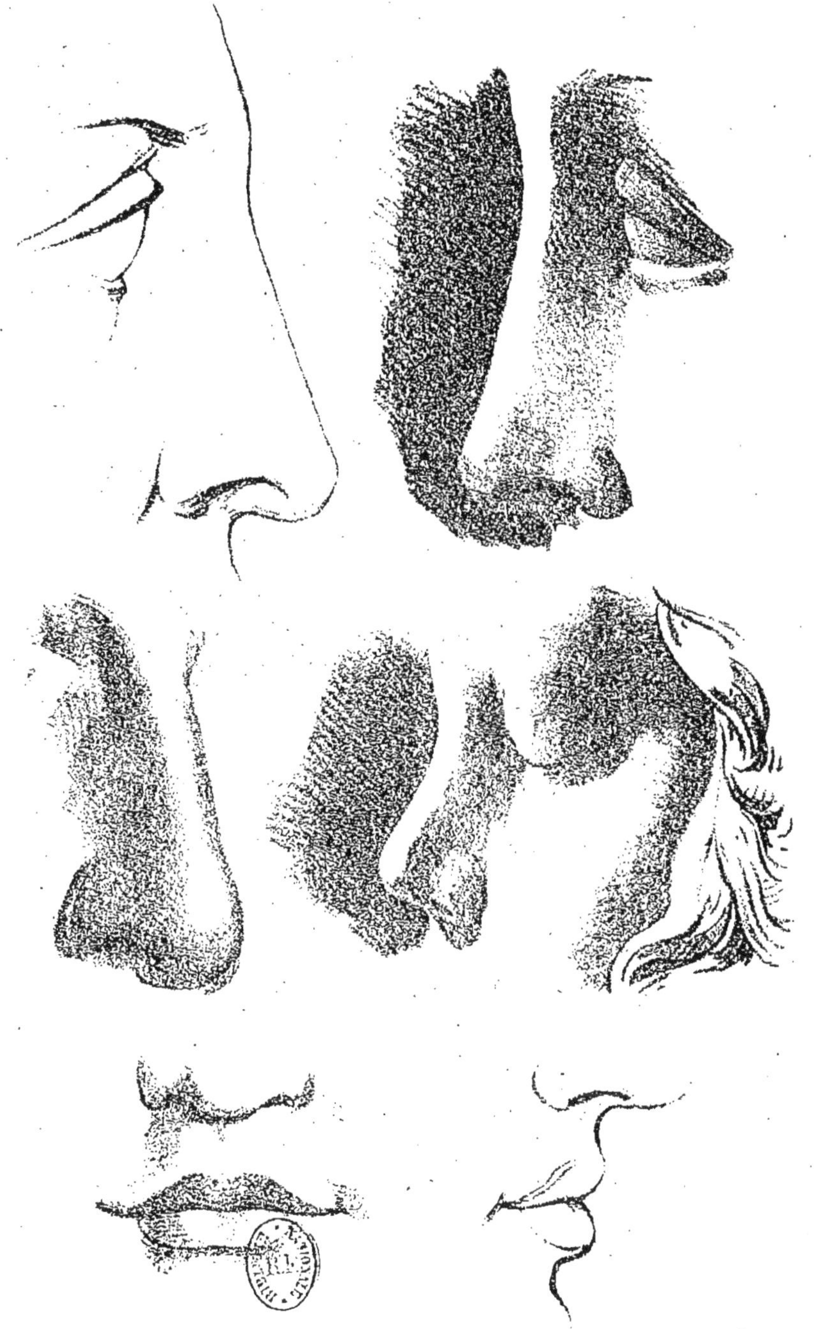

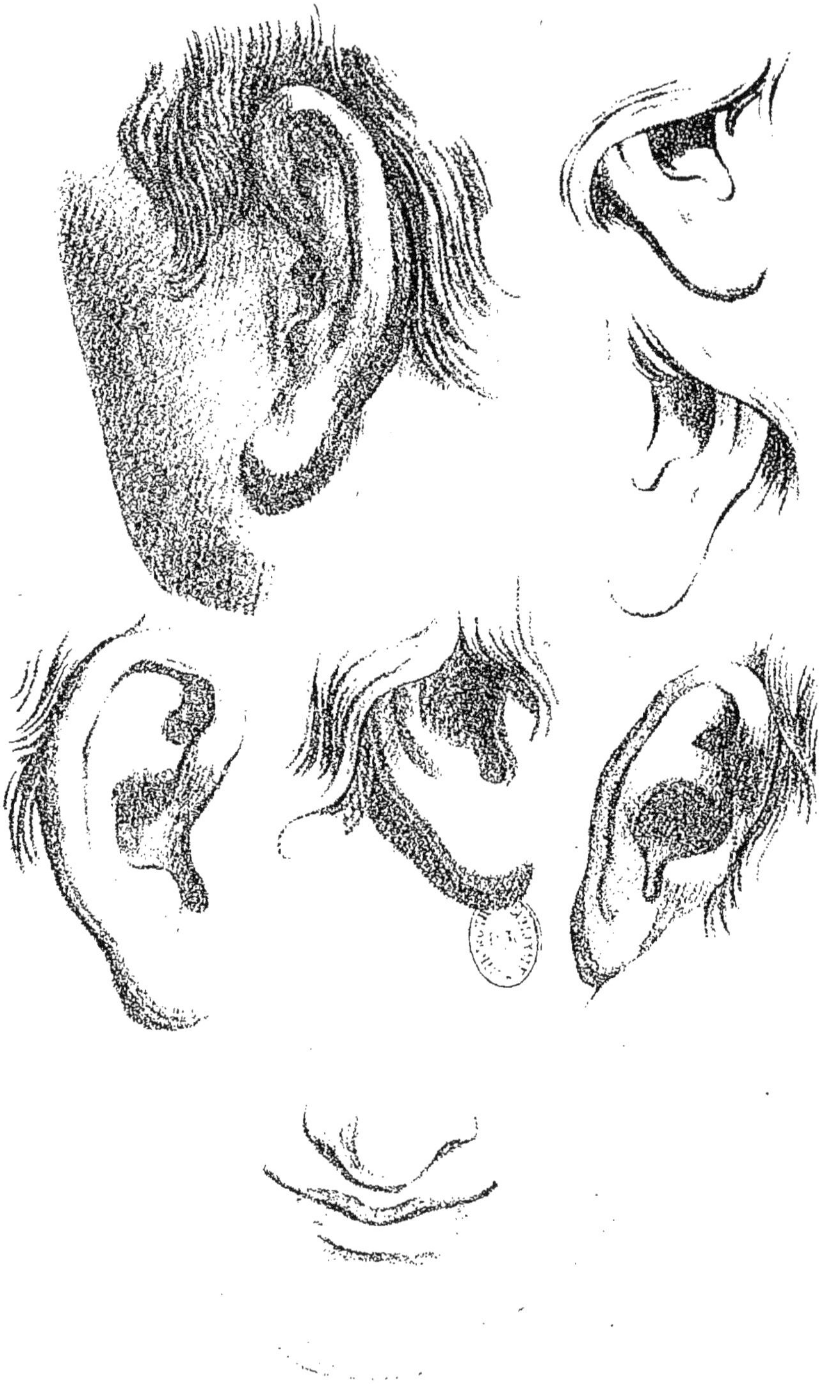

linéaire ou autre), on se sert d'un compas garni d'un crayon.

Après avoir divisé en deux la feuille de papier, dans le sens de sa largeur, et approximativement en traçant avec l'ongle un trait léger sur la marge, à droite et à gauche de la feuille, on prend le compas, et d'une seule ouverture, prenant pour point de départ un des traits marqués à l'ongle, on trace une petite ligne courbe en tête de la feuille de papier, et une autre petite ligne au bas de cette même feuille; ensuite, de la même ouverture du compas, prenant pour point de départ le trait tracé du côté opposé de la feuille, soit à gauche, si on a commencé l'opération par la droite, on trace deux nouvelles petites lignes sur les deux premières, de manière à former deux petites croix.

Si donc, au moyen d'une règle, on trace une ligne passant par le point d'intersection des quatre petites lignes courbes, on obtiendra une ligne verticale, coupant en deux, et d'une manière exacte, la feuille de papier à dessin.

Sur le papier, une ligne horizontale est toujours dans le sens où nous pouvons lire l'écriture, et la verticale lui est toujours perpendiculaire. En pliant une feuille de papier de façon que le bord de droite vienne s'appliquer exactement sur celui de gauche, on obtient toujours un angle droit, ou une sorte d'équerre parfaitement exacte qui peut suppléer, au besoin, à cet instrument.

Élever une perpendiculaire à l'extrémité A d'une ligne sans la prolonger.

Opération : du point A comme centre et d'une ouverture de compas quelconque, décrire un arc de

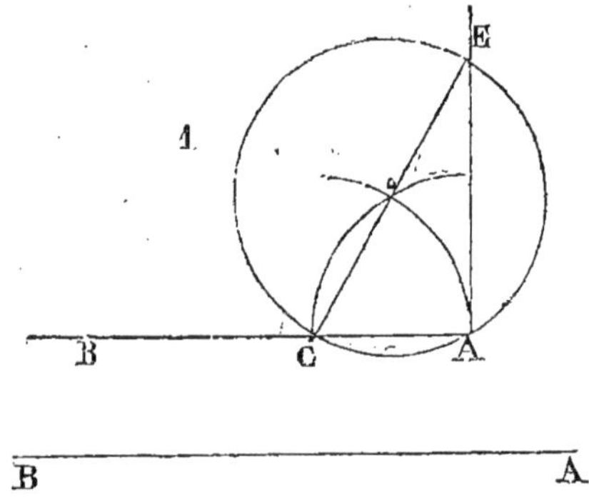

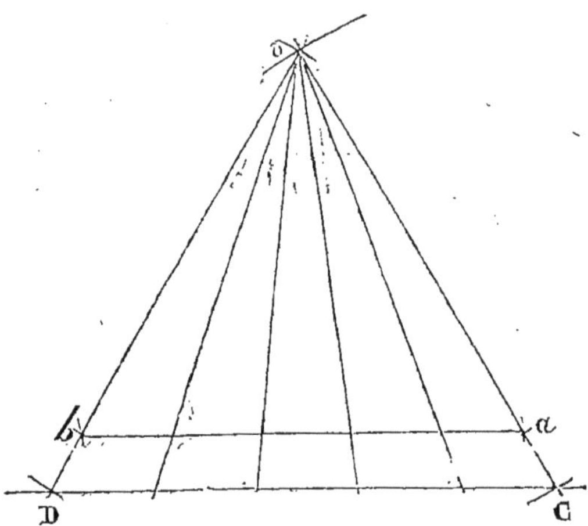

cercle CO. Avec la même ouverture de compas et du point C décrire l'arc AO, toujours avec la même ouverture. Puis du point O tracer le cercle CAE, mener

CO prolongé jusqu'à la rencontre avec l'arc E : tracer EA perpendiculaire cherchée.

Compartir ou diviser une ligne en parties égales. — Même planche. Soit proposé de diviser AB en 5 parties égales : tracer une ligne quelconque CD ; porter sur cette ligne 5 divisions à volonté d'une ouverture de compas égale à CD, et de ces points C et D décrire deux arcs se coupant en O ; mener des lignes O C. O 1, 02, 03, 04, 05, avec une ouverture de compas égale à AB, et du point O tracer deux arcs *a*, *b* ; mener la ligne *ab* : cette *ab*, = AB se trouve divisée en 5 parties égales, en tirant des lignes droites du sommet ou point O aux points 1, 2, 3, 4.

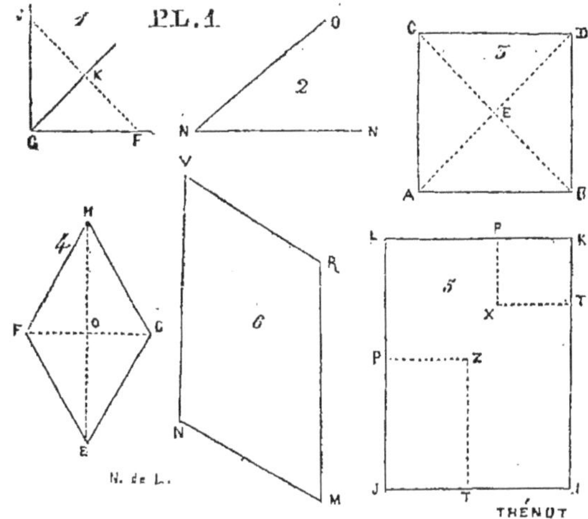

Il y a dans le dessin deux choses distinctes, le trait et l'ombre, toutes deux également importantes. L'exactitude du trait dépend de la juste mesure des lignes et des angles qu'elles forment.

Il est donc de la plus haute utilité de savoir construire un angle égal à un autre. Le moyen de le faire géométriquement sera celui de vérifier par le compas, l'exactitude de l'angle copié à vue d'œil.

Pour diviser un angle en deux angles égaux.

Fig. 1. Soit l'angle droit F G J que l'on veut diviser en deux angles égaux ou deux demi-droits, il faut déterminer à volonté et à vue d'œil les points F J ; ils doivent être également distants du point G, les joindre par une ligne droite, puis diviser cette droite en deux, ce qui donne le point K ; joindre K G par une ligne qui divisera l'angle donné en deux.

Un angle étant donné en construire un semblable.

Fig. 2. Soit donné l'angle M N O. Déterminer d'abord la ligne M N, puis la ligne N O, observant de rendre aussi juste que possible l'ouverture de cet angle. On devra s'exercer à copier des angles de grandeurs différentes.

Pour copier un carré.

Fig. 3. Il faut tracer d'abord la ligne A B, qui est un des côtés du carré ; puis des points A B, extrémités de la ligne donnée, élever des perpendiculaires à cette ligne; déterminer à vue d'œil la grandeur de la ligne A C égale à celle de la ligne A B, puis la grandeur B D égale aussi à A B; joindre les points C et D par une ligne droite qui termine le carré.

Pour copier un losange.

Fig. 4. Copier l'ouverture de l'angle G E F, puis la longueur de ses côtés, qui doivent être égaux, ce qui détermine la moitié du losange ; joindre les points G F par une ligne droite marquée très-légèrement; diviser à l'œil la ligne G F, ce qui donne le point O; du point E et par le point O faire passer une ligne indéfinie; déterminer O H, égale à O E, puis joindre G H, H F, ce qui détermine le losange.

Pour copier un rectangle.

Fig. 5. Déterminer la ligne I J, de ses extrémités élever des perpendiculaires, et déterminer de même leur longueur I K, J L, puis joindre les points K L.

Pour copier un parallélogramme.

Fig. 6. Copier l'ouverture de l'angle N M R ainsi que la longueur des côtés M N, M R; mener N V parallèle à M R, et R V parallèle à M N, etc., etc.

Pour copier un point placé sur une surface.

Fig. 5. Soit X le point qu'il faut copier ; il se trouve placé dans le rectangle. De ce point mener une ligne horizontale et une verticale; elles donnent les points T P à leur rencontre avec les lignes K I, K L; représenter les mêmes distances sur sa figure-copie pour obtenir le point X. Il faut opérer de même pour représenter le point Z, ou tout autre point placé dans l'intérieur du rectangle.

Remarque. Pour obtenir un point quelconque sur une surface, on ne trace pas ordinairement les lignes X T, X P, on les figure seulement dans son imagination.

Cette opération est très-importante; il faut la répéter plusieurs fois, en changeant chaque fois le point de place.

Lorsque l'on est habitué à comparer avec l'œil la distance d'un point à une ligne, on peut copier manuellement la majeure partie des figures régulières que l'on rencontre.

Autre remarque. Ce moyen est celui qu'il faut employer pour copier un point quelconque sur un tableau ou dessin.

DESSIN DE LA FIGURE

Tête ou modèle académique.

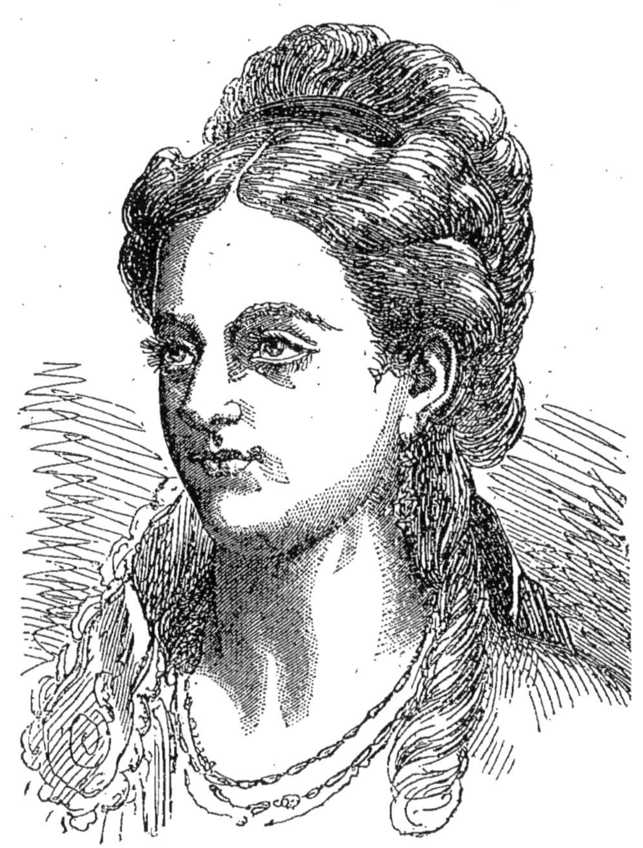

Lorsque vous aurez à copier un dessin sur lequel aucuns signes ne sont tracés pour vous guider dans les proportions à établir entre les différents traits du visage, vous les remplacerez en usant du moyen que voici :

Prenez votre crayon, en le tenant perpendiculairement et d'aplomb ; vous verrez alors sur quels points de votre modèle se pose cette ligne fictive : ensuite vous en ferez autant en sens inverse, c'est-à-dire en tenant votre crayon horizontalement. En comparant après cela votre dessin à celui que vous copiez, il vous sera facile d'en voir les différences et vous serez dès lors à même de corriger ce qui aura été placé soit trop bas, soit trop haut, soit trop à gauche, soit trop à droite.

Surtout ne donnez jamais de coups de crayon au hasard, raisonnez tout ce que vous faites et ne manquez pas d'observer que le trait, qui dans la lumière est léger, se trouve toujours vigoureux dans l'ombre.

DE L'ÉTUDE DES PRINCIPES

de la figure.

Il serait utile, pour commencer, que vous puissiez vous procurer quelques fragments de figures, tels que nez, yeux, oreilles, bouches, mains, sur lesquels devront être indiquées différentes lignes qui en marquent les diverses inclinaisons et les mesures proportionnelles.

Ces lignes sont comme la charpente qui doit soutenir les principales parties de l'édifice que vous avez à construire.

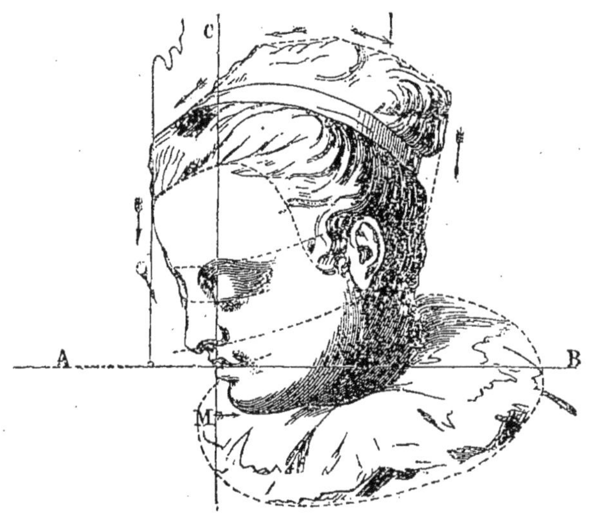

Planche de tête d'après Watteau.

On voit à l'inspection de ces deux petits modèles, que la méthode de préparer les lignes auxiliaires est la même. La tête en trois quarts, dont on voit deux yeux, l'un entier, l'autre fuyant, s'obtiendra en dessinant d'abord la flèche Z P, qui fait l'angle aigu Z P B sur A B ; on y prendra la hauteur de l'oreille, du haut et du bas de l'oreille ; on tracera les courbes parallèles qui passent par les sourcils, la base du nez, la bouche ; on charpentera des lignes droites, la silhouette polygonale qui passe par les croix, et cette forme rectiligne étant trouvée, on subdivisera, on creusera, on courbera les lignes intérieures. On aura plus de facilité à placer les formes parallèles ou celles qui se rapprochent le plus de la verticale et de l'horizontale. De l'ensemble on arrivera aux détails, ou du contenant on viendra au contenu, on cherchera les similitudes. Nous avons tracé à côté de la seconde tête la forme du point interrogatif comme moyen de se rappeler celle de l'oreille ; un V placé dans l'intérieur contribue à fixer le souvenir. La forme de S, écrite en anglaise, est fort utile pour tracer des boucles de cheveux. Il est bon d'accoutumer la main à copier une corde ou une torsade en l'ombrant d'après nature.

Planche de la main

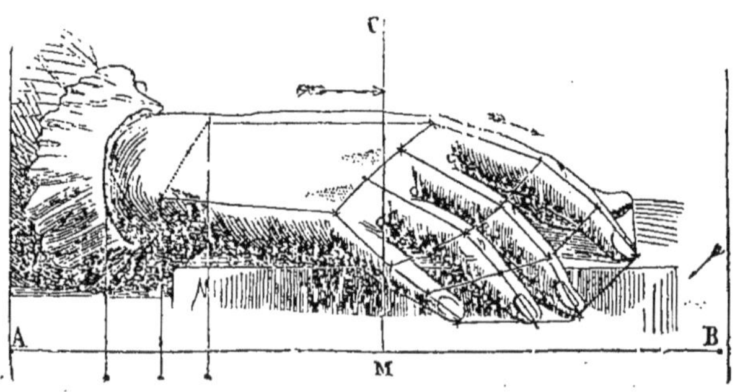

Tirez l'horizontale A B; sur le point M, milieu de A B, élevez avec l'équerre M C, verticale ou perpendiculaire sur A B. Pour simplifier le travail, placez des petites croix sur votre modèle aux endroits saillants et précis où se trouvent les têtes d'os qui forment les éminences des articulations, reliez entre elles ces petites croix par des lignes, et vous aurez une sorte de réseau rectiligne que vous copierez d'abord sur votre feuille de papier sur laquelle vous aurez tracé vos lignes A B et M B. Toute la perfection du travail dépendra de la manière exacte dont vous placerez les croix considérées dans leurs justes rapports de situation relativement à la ligne verticale et à la ligne horizontale.

Imaginez-vous que vous avez à copier d'abord une simple armature de fils de fer qui servirait de noyau à la main proposée pour modèle.

Ces lignes auxiliaires, qui forment entre elles des sortes de trapèzes dont le plus grand forme le dessus de la main, vous serviront de guides pour déterminer les lignes réelles qui forment les contours extérieurs et intérieurs. Les lignes horizontales du livre seront très-commodes pour placer les bouts des trois doigts qui posent sur le côté. On voit, par les petites flèches du modèle, la direction oblique et l'angle que formerait la ligne perspective du livre si elle était prolongée jusqu'à la ligne A B. Il est toujours important de tirer, par exemple, par la croix qui est sur la manche du cou-de-pied.

Planche représentant le pied.

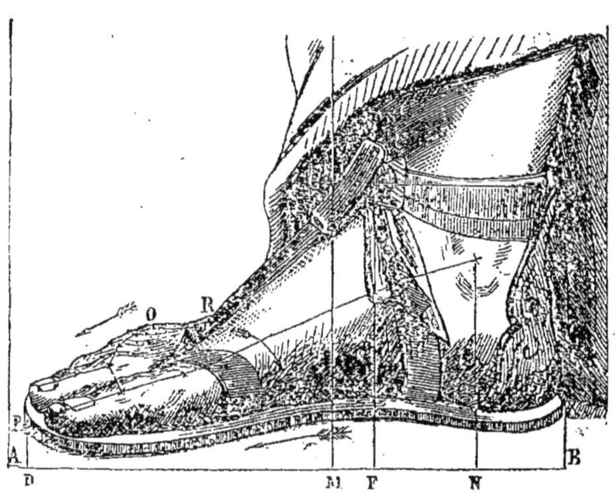

Tirez toujours A M horizontale et M C verticale sur le point M, milieu AB. Abaissez du talon la ligne d'aplomb au point X, et du bout de la sandale abaissez l'aplomb en B. Placez ensuite les petites croix sur les têtes des os de la cheville, des orteils ; prenez sur GF la hauteur du cou-de-pied en G, tracez la courbure de la semelle, qui est la ligne la plus voisine de la ligne AB ; charpentez en lignes droites et brisées la silhouette ou contenant du pied P O R G H X, et procédez, en raisonnant de la même manière que pour le tracé de la main, à la recherche successive des formes, marchant ainsi du simple au composé, du connu invariable de la ligne droite à l'inconnu de plus en plus approché des lignes courbes. Pénétrez-vous bien du caractère de chaque forme, trouvez des similitudes et des analogies. L'aspect général du pied, sa forme la plus abréviative serait une sorte de trapèze dont le talon serait un angle presque droit, la grande base inférieure serait de P en X, et la base supérieure de G en H, et les côtés de G en P, de H en X. Remarquez que la talonnière de cuir ressemble à une sorte d'oreille de cheval.

Remarques sur la manière d'ombrer et de modeler en général.

1° Une teinte unie faite à l'estompe ou la même teinte unie obtenue par des lignes ou *hachures* ne peut donner que l'*apparence d'une surface plate* ou plan d'ombre.

2° Si vous tracez un cercle au trait et que vous estompiez le bord intérienr en dégradant la teinte imperceptiblement vers le centre, votre cercle prendra de suite l'aspect bombé d'une pastille. Plus votre zone d'ombre s'élargira, plus la pastille paraîtra une boule ou se modèlera. Si vous ombrez ainsi des petits cercles, vous imiterez des perles. Ombrez ainsi un collier d'après des perles fausses naturelles, vous aurez appris ce que sont les reflets, les demi-teintes et les ombres bien dégradées.

MÉTHODE DE GRATICULATION

DESSIN — COPIE D'APRÈS L'ESTAMPE — AU CARREAU D'ÉGALE GRANDEUR — COPIE RÉDUITE OU GRANDIE.

Le modèle étant posé devant soi, la personne qui n'a jamais dessiné prendra une feuille de papier végétal ou à décalquer sur lequel elle tracera, avec la règle et le compas ou avec la règle et l'équerre, une série indéterminée de carrés égaux, et ce réseau une fois fait, on le fixera, au moyen d'un peu de cire à modeler ou de pains à cacheter, sur le sujet à copier; on en tracera la même quantité sur son papier, légèrement, et on commencera à y placer les lignes exactement dans les mêmes carrés correspondants de l'original, ce qui fera comprendre l'utilité et la nécessité de tirer des aplombs et de mesurer des verticales dont nous venons de parler.

Un carré contient, en effet, deux lignes verticales et deux horizontales, et on y remarque quatre angles droits; le réseau de papier végétal superposé au modèle, sans le gâter, vient donc à être coupé, par les traits du dessin, d'une façon qu'il est alors très-facile d'imiter dans les carrés qu'on a préparés pour son travail. La situation des lignes droites ou courbes devient plus aisée à déterminer, si, dans chaque carré, on trace les deux diagonales ou simplement leur intersection, qui est précisément le milieu du carré. Ce point milieu existant, et plus les carrés seront multipliés, moins on aura de peine à être exact. Ce procédé est employé avantageusement pour les commençants; on diminue peu à peu le nombre des carrés posés sur la copie, observant seulement de les faire plus grands.

L'œil s'accoutume ainsi à se passer de carrés pour copier, et à tirer des lignes à plomb et des horizontales qui aideront à trouver les longueurs, les formes et les inclinaisons des lignes, et à fixer les parties du trait qui tombent les unes au-dessous des autres, les unes à côté des autres, à droite ou à gauche, au-dessus ou au-dessous des autres.

Nécessité de l'exercice du raisonnement et de la mémoire.

Il ne faut lire que pour étendre davantage notre intelligence. Il est inutile de lire si on ne retient rien; il est inutile de copier un dessin si la mémoire n'en conserve aucune trace; il est inutile d'avoir étudié les simples opérations du dessin linéaire si on ne sait les appliquer utilement. Il ne faut pas que l'esprit s'endorme dans la paresse!!! Chaque exercice de dessin sera donc nécessairement pratiqué de mémoire après avoir été pratiqué premièrement et attentivement devant le modèle.

L'étude de la figure d'après la bosse dont les planches ci-jointes donnent une idée approximative, consiste en une série de têtes qu'on fait copier successivement. La première donne la masse générale ou *galbe*, sans yeux ni bouche ni cheveux ; la seconde donne la masse des cheveux, la place des yeux, du nez, de la bouche ; la troisième creuse davantage les détails ; la quatrième les donne au complet. L'inventeur a cru devoir établir des modèles plus nombreux de bosses graduées ; mais cette série, très-bien combinée d'ailleurs, n'est pas à la portée de tous à cause de son prix.

Pour y suppléer, nous dirons que l'on peut soi-même pratiquer cette méthode avec un seul buste ou plâtre d'après l'antique, la tête de l'Apollon du Belvedère par exemple. On l'enveloppera d'une gaze blanche bien tendue qui cachera tous les détails en laissant voir leur place et suffira à guider l'élève dans la préparation de ses ébauches. Il sera facile d'établir sur la masse couverte de gaze des fils noirs fixés avec des boulettes de cire pour imiter les lignes auxiliaires que le raisonnement a fait imaginer pour aider à trouver la place et la direction des détails.

La copie du bas-relief d'ornement d'après la bosse est aussi utile que la copie de l'estampe, elle fait com-

4

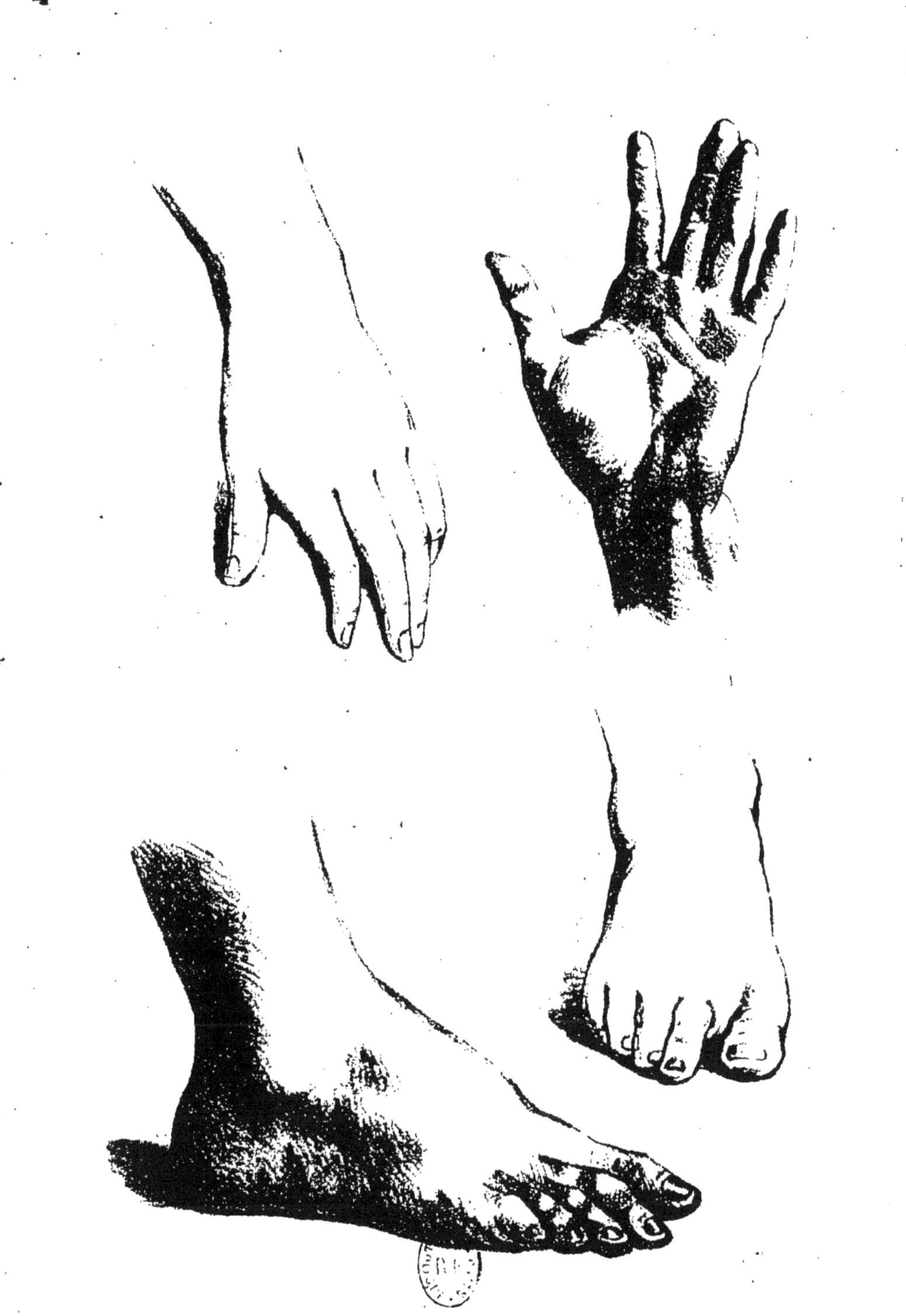

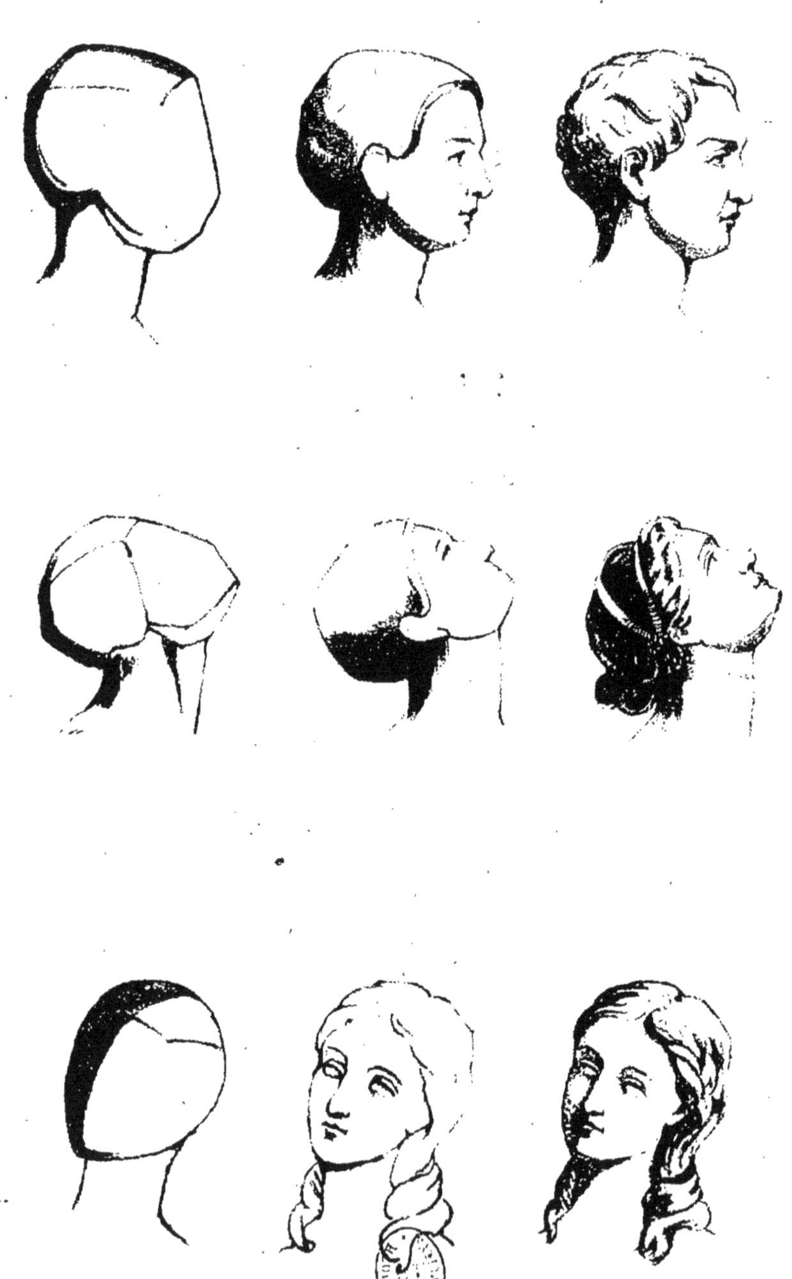

prendre mieux que quoi que ce soit le jeu des ombres.

Il faut que l'œil et l'esprit du dessinateur s'accoutument à faire abstraction des détails en faveur de la masse qui les renferme, et à n'arriver au détail qu'après avoir d'abord préparé très-exactement les masses simples destinées à renfermer les détails.

DU DESSIN D'APRÈS LA BOSSE

D'APRÈS DUPUIS

Dessiner d'après la bosse, c'est se préparer à dessiner d'après nature, car la transition serait trop

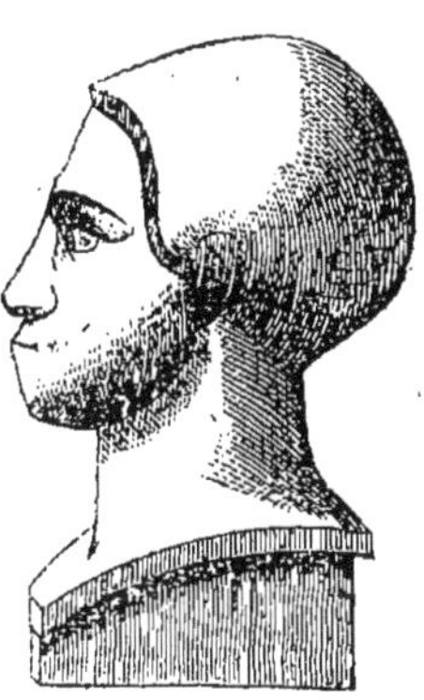

Figure 2

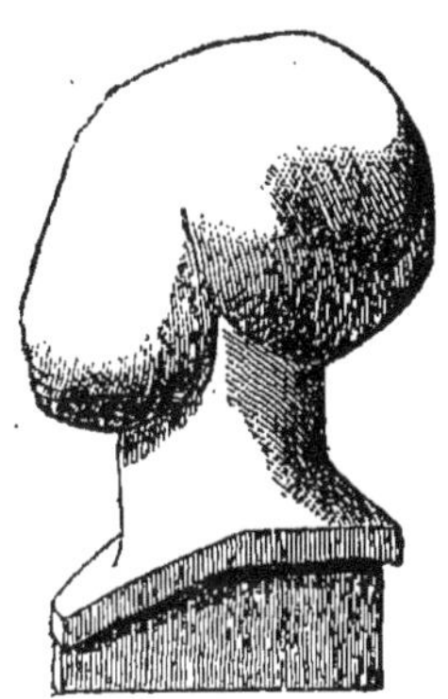

Figure 1

brusque si l'élève, qui vient de reproduire une étude lithographiée ou dessinée sur papier, se trouvait face à face avec les difficultés de toutes sortes qui l'attendent devant le modèle vivant. Contrairement, la plupart de ces difficultés se trouveront aplanies pour lui par suite de l'habitude qu'il aura prise de dessiner d'après la bosse.

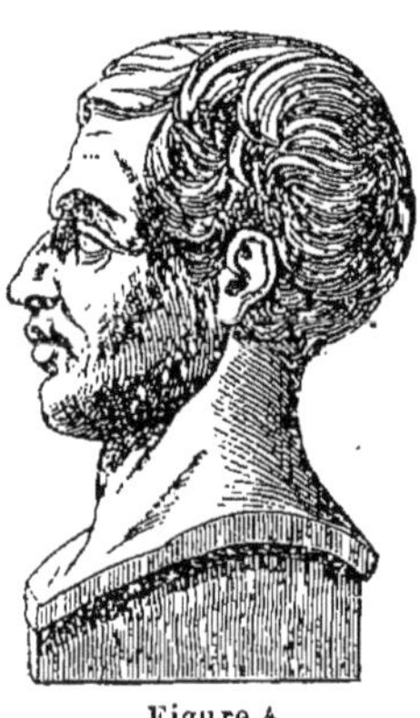

Figure 4

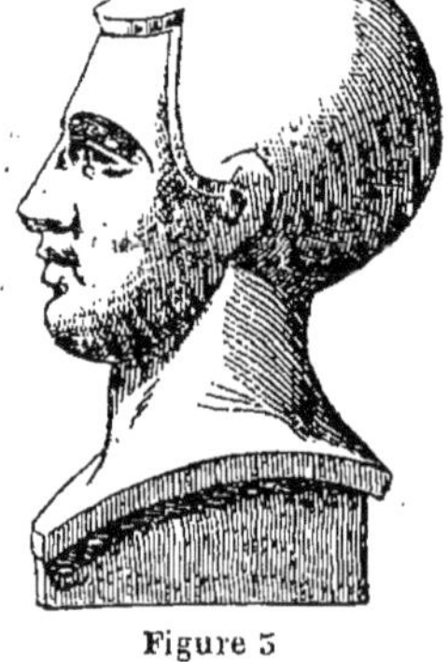

Figure 5

Pour dessiner une tête en relief, il faut se placer à la distance qui comprendrait trois fois la plus grande dimension de cette tête, ou trois hauteurs du buste.

Nous avons indiqué précédemment comment on doit opérer pour faire l'ensemble d'une tête, c'est donc là pour vous une connaissance acquise; nous avons dit aussi comment le porte-crayon, tenu tantôt verticalement et tantôt horizontalement, doit vous servir de régulateur pour subdiviser dans votre pensée les différentes parties du modèle et les comparer à votre copie : il en sera de même ici.

Vos deux premières divisions se composeront d'une verticale et d'une horizontale, et le point de jonction de ces deux lignes fictives et prises à l'aide du porte-crayon seulement, se nommera pour vous le point-milieu ; les autres lignes que vous tirerez dans votre imagination ne seront que les annexes des deux premières et serviront à vous assurer que votre ensemble est identiquement pareil au modèle. Une fois votre ensemble bien établi, et après que vous avez épuré, affermi votre trait en déterminant légèrement les masses ombrées, le travail de l'estompe doit commencer.

Ces masses doivent être indiquées au moyen d'un crayon Conté noir (pierre) n° 2, que vous aurez mis dans votre porte-crayon et dont vous aurez cassé la pointe et usé sur votre garde-main l'un des côtés jusqu'à ce qu'il soit devenu plat, c'est de ce côté plat que vous vous servez pour vos indications qui doivent être aussi légères que possible.

Surtout ne vous laissez pas décourager par la difficulté d'avoir à travailler d'après une chose sur laquelle nul travail n'est indiqué, et faites appel, pour arriver au résultat que vous voulez atteindre, à l'intelligence, au raisonnement, au coup d'œil dont vous êtes doué.

Observez d'abord quelle est la partie de la tête de votre modèle sur laquelle brille la plus vive lumière; du second coup d'œil assurez-vous du point le plus obscur de la partie où se trouvent placées les ombres les plus vigoureuses. Ces deux points reconnus par vous, aideront à apprécier en second lieu dans votre travail les demi-teintes intermédiaires.

C'est avec une estompe de papier gris que vous frottez dans du crayon *sauce* (ou crayon noir réduit en poussière), c'est avec cette estompe, disons-nous, que vous étendrez une ombre plate et unie sur toute la partie d'ombre, après quoi vous passerez aux demi-teintes les plus accentuées, puis aux plus claires, jusqu'à ce que vous ayez rejoint la lumière ; surtout ayez soin de changer d'estompe en passant du travail de l'ombre à celui des demi-teintes, et, pour attaquer celles-ci, servez-vous d'estompes en peau blanche qui enlèvent le noir.

On emploie aussi, pour terminer et enlever de minces lumières ou pour fouiller dans quelque partie délicate des yeux ou des lèvres, une petite boulette de mie de pain, laquelle, avec sa pointe déliée, vaut mieux en cette occasion que l'estompe la meilleure.

N'oublions pas de dire aussi que, bien qu'un dessin reproduise fidèlement les effets d'ombre et de lumière du modèle, il est presque impossible de ne pas se servir du crayon pour donner les quelques coups de force qui doivent compléter l'effet : ainsi, dans l'intérieur des narines, sous les paupières, dans la pupille par exemple, on usera du crayon tendre.

Les ombres portées aussi réclament son secours, car c'est leur vigueur qui complète l'effet d'un dessin en y ajoutant le piquant sans lequel il semblerait fade et incolore.

Lorsque vous dessinerez d'après la bosse, comme lorsque vous dessinerez d'après nature, il faut avoir soin de préparer un fond pour la tête que vous allez reproduire : vigoureux, si elle doit s'enlever en clair ; légèrement teinté si elle doit s'enlever en vigueur, ou dégradé du clair au foncé.

De l'utilité de s'exercer à faire des hachures.

Tout en étudiant vos principes et avant d'en arriver à ombrer vos dessins, il sera bon pour vous de couvrir de hachures inclinées tantôt à droite, tantôt à gauche, tantôt horizontales et tantôt perpendiculaires ; une certaine quantité de feuilles de papier. Le papier à grain ne vaut rien.

Il est bien entendu que pour faire ces hachures, il faut tenir le crayon de côté et non pas comme on tient une plume. Cet exercice , non-seulement délie les doigts et donne du coup d'œil, mais il a encore pour résultat d'habituer l'élève à manier son crayon légèrement et à le tenir sans trop le serrer.

CRAYONNAGE

Influence du grain du papier.

Les papiers à surface lisse sont plus favorables au crayon de mine de plomb et au dessin très-fini. Il faut un grain moyen pour le crayon de Conté, qui produirait un travail maigre et égratigné sur un papier uni. La manière dont on incline le crayon pour lui faire produire tels ou tels effets, demande une attention toute particulière.

L'épaisseur du papier sur lequel on opère et la surface plus ou moins dure et résistante, sur laquelle on crayonne soit à la mine de plomb ou au crayon Conté, dit pierre d'Italie, ont une influence sur les teintes à obtenir. C'est une étude intéressante à faire. La surface sur laquelle pose le papier doit être bien plane. N'y laissez pas intercaler de mie de pain ni corps durs.

Comment on doit procéder pour ombrer une tête au crayon Conté et à l'estompe.

Pour ombrer, on doit commencer par étendre une couche de hachures bien unies et parfaitement rentrées les unes dans les autres, sur toute la partie que doit occuper l'ombre.

Cette teinte est la plus légère de toutes celles que vous crayonnerez. Après l'avoir étendue, vous passerez à une autre plus forte jusqu'à ce qu'enfin vous ayez atteint, en allant toujours progressivement, les tons les plus vigoureux de votre modèle.

Observez bien surtout que les hachures qui forment vos ombres doivent toujours être faites dans le sens du muscle indiquant le modelé, autrement il serait dénaturé si, contrairement à ce qui doit être sur une partie ronde, par exemple, on ombrait avec des hachures droites au lieu de leur faire suivre le mouvement voulu.

Maintenant que nous vous avons indiqué de quelle façon vous devez vous y prendre pour ombrer et que nous en avons expliqué autant que possible le côté mécanique, occupons-nous un peu de l'effet général produit par la réunion et par l'opposition des lumières, des demi-teintes, des ombres, des reflets et des ombres portées, car il faut se rendre un compte exact de toutes ces choses, dont chacune, en particulier, contribue à établir l'effet général.

Étude de l'effet.

Vous avez pu voir que dans un dessin on appelle lumière tout ce qui se trouve frappé du jour ; la demi-teinte se dit du point où les ombres sont liées aux lumières ; l'ombre est la partie la plus obscure, c'est-à-dire celle totalement privée de lumière.

Les ombres portées se disent de toutes celles projetées par un corps quelconque qui vient s'interposer entre ce corps et la lumière.

Ainsi, l'ombre que nous voyons à nos pieds est produite par notre corps, d'autres sont dessinées sur notre visage par le chapeau que nous portons; l'arbre porte son ombre sur le grand chemin. On distingue quatre choses principales dans l'étude de l'effet, l'*ombre*, la *lumière*, la *demi-teinte* et les *reflets*.

Il est utile de dessiner et ombrer d'après nature les trois corps ronds, le cône, le cylindre et la boule, ainsi que le cube, le tétraèdre, etc., exposés au soleil ou éclairés par une lampe. On fera bien, pour l'étude et l'intelligence des reflets, de mettre près de ces corps ou pour leur servir de base, des feuilles de papier de couleur qui donneront et expliqueront les reflets.

La meilleure manière d'étudier les corps ronds est de les ombrer par teintes grenées, c'est-à-dire sans hachures, et obtenues en tournoyant sur le papier avec le crayon en appuyant légèrement d'abord pour les demi-teintes, et en appuyant davantage pour renforcer les ombres. On fera bien aussi de les ombrer simplement à l'estompe.

L'essentiel est d'obtenir un haut fini par des teintes bien dégradées.

CONSEILS DES MAITRES

Le dessinateur au crayon trouvera d'utiles leçons dans l'examen attentif des gravures au burin de nos bons graveurs. Il verra combien sont variés les moyens qu'ont employés les bons graveurs pour interpréter, par des hachures, des lignes et des points, le relief des chairs ou la contexture des étoffes.

La galerie des dessins du Louvre offrira la meilleure des méditations sur ce sujet important.

L'élève qui voudra se borner au dessin d'une figure, ou qui ne cherchera que la distraction et l'emploi de ses heures de loisir dans une étude au bout de laquelle beaucoup ont trouvé la fortune et la gloire, celui-là pourra se borner à prendre une idée de l'anatomie humaine dans l'excellent ouvrage de M. Pauquet, lequel met cette science à la portée de tous. Mais pour celui qui veut arriver à se créer une position, à se faire un nom dans les arts, il n'en saurait être ainsi ; et l'étude du modèle posé dans l'atelier du maître, celle du squelette et celle de l'écorché, doivent marcher de front, puisque c'est à l'aide d'une comparaison continuelle entre la nature vivante ou morte, dépouillée de sa peau et revêtue seulement de ses muscles, ou réduite à l'état de squelette, c'est de cette comparaison, disons-nous, que sortira pour lui la connaissance approfondie et consciencieuse dont il ne saurait se passer.

Nous venons de dire que les études sur la nature vivante, l'écorché, le squelette, doivent marcher simultanément ; un mot d'explication est nécessaire à ce sujet.

Selon nous, tant que l'élève n'est que copiste ou étudiant et ne s'occupe que de la forme apparente des objets, il ne doit connaître de l'anatomie que ce qui est apparent, car cette connaissance, si elle était prématurée, lui serait plus nuisible que profitable ; mais une fois arrivé à reproduire avec intelligence, avec exactitude la forme humaine placée devant ses regards, l'heure est venue pour lui de s'occuper d'études anatomiques.

Mais pour que ces études produisent les heureux résultats qu'on peut en attendre, elles ne doivent pas se faire isolément sur la nature morte, et l'on doit les rapporter sans cesse à la nature vivante ; pour cela, si l'on veut, par exemple, dessiner la tête de mort, on devra mettre auprès d'elle une tête en plâtre moulée sur l'antique, de manière à ce que toutes deux étant placées dans une position semblable et sous une même lumière, vous puissiez distinguer les différences existant entre elles.

Ainsi l'on peut distinguer d'un seul coup d'œil les parties osseuses et proéminentes, qui, comme le front, les pommettes, le nez, le menton, conservent leur forme, des autres parties qui sont recouvertes de chairs. Pour étudier les articulations et les extrémités du corps, on devra se procurer ces parties toutes préparées. Puis, après qu'on leur aura donné une position, il faudra en faire prendre une pareille au modèle vivant, et les copier simultanément, de manière à se rendre un compte exact de l'un et de l'autre.

Voilà quelles sont les études à faire, soit qu'on veuille devenir chirurgien ou peintre, car pour tous deux l'ostéologie doit être placée en première ligne.

La partie du corps humain la plus difficile à connaître, c'est la colonne vertébrale, dont les mouvements multiples se combinent avec presque tous ceux que le corps peut effectuer.

Pour cette étude, on fera poser un modèle debout et de profil, par rapport à l'élève. Ainsi posé, et les bras croisés sur la poitrine, le contour formé par son cou, ses épaules, son dos et ses reins apparaîtra sous la forme d'une ligne serpentine, qui changera d'aspect suivant les mouvements en arrière, en avant, à droite ou à gauche, qu'on lui fera exécuter. Ces inflexions ne sauraient être trop étudiées dans leur irrégularité déterminée par la plus légère torsion des hanches, car c'est de cette étude que dépend le plus ou moins de vérité des différentes poses que vous donnerez plus tard aux personnages qui recevront l'*existence* de votre pinceau.

Nous nous résumerons en disant : Étudiez la charpente humaine et ses diverses proportions sur le squelette ; assurez-vous, en étudiant l'écorché et en le comparant à la nature vivante, de tout ce qui est relatif au jeu des muscles et de la tension qu'ils doivent et peuvent subir sous l'influence des passions les plus violentes ; et enfin, avec la nature, apprenez la beauté, l'expression, la pureté des formes, le charme de la physionomie et la puissance de la couleur.

L'étude des proportions de l'homme, de la femme et de l'enfant, et celle de leurs modifications à chaque âge, seront celle de toute la vie du peintre.

De l'étude des draperies.

L'étude des draperies est indispensable. Pour cela, vous disposerez sur un fauteuil, sur un divan, un châle, un manteau, diverses étoffes, et vous en étudierez les plis et l'effet. Ayez soin surtout de bien observer que dans la nature, et par conséquent dans les dessins et peintures qui la représentent, la lumière a peu de largeur sur les objets brillants, tels que les dorures, les cristaux, les marbres, les objets vernis, les satins, les cheveux , et que les ombres les plus foncées sont toujours dans les endroits les plus étroits ou resserrés.

Il en est tout autrement pour les draps, les velours, les mousselines, les étoffes laineuses, ternes, lourdes, épaisses; elles s'éclairent plus largement.

Beaucoup de peintres se servent du mannequin pour

poser les draperies dont ils doivent se servir et qu'ils veulent étudier.

Mais la mobilité des étoffes est une difficulté de plus. Comment étudier les draperies *volantes?* Il faut en tout de la méthode et de la suite. Nous conseillons d'étudier les draperies des statues antiques d'abord. Quant aux draperies à étudier d'après nature, nous allons indiquer les procédés les plus rationnels pour en expliquer la variété et les genres. La contexture des tissus influe considérablement sur la forme des plis. La toile roide et forte ou épaisse ne produit pas les mêmes apparences de plis que la mousseline ou le velours. Une étoffe mouillée donne des plis verticaux dont les tuyaux sont fins, étroits et collant sur les formes auxquelles ils sont appuyés. La lourdeur et l'épaisseur des étoffes sont des causes de modifications dans les formes; mais il y a des lois physiques, mécaniques et géométriques inflexibles dans la nature; l'observateur seul, qui est le véritable artiste, doit avant tout s'en rendre un compte exact.

Un mouchoir carré blanc qui sèche étendu sur le gazon au soleil n'offre pas l'aspect d'une feuille de papier blanc étendue à plat sur un marbre. La feuille de papier blanc, qui est souple, se courbera si nous la prenons avec les doigts, mais une feuille de carton demeurera un plan droit de quelque façon qu'on la prenne. Il y a de la géométrie dans les draperies, car il y a des surfaces planes ou plates, courbes, cylindriques, coniques ou mixtes. Un mouchoir accroché ou tendu par quatre clous sur une planche n'aura pas la même apparence qu'une feuille de papier tendu par quatre épingles. Un mouchoir suspendu par un seul angle à un seul clou le long d'un mur produira nécessairement une chute de plis coniques saillants ou creux. Suspendez-le par deux angles à deux clous plus ou moins éloignés, les plis subiront une toute autre loi, et pour la concevoir, il faut étudier la forme d'une corde ou d'une chaîne suspendue : cette forme n'est ni circulaire, ni ovale, ni droite, ni brisée; c'est une courbe spéciale de la géométrie, c'est une parabole plus ou moins allongée. Or, tout tissu peut être considéré comme un composé de cordes ou chaînes contigues qui subissent la même loi de pesanteur qu'une chaîne suspendue à deux clous.

Les différents points d'appui ou de support d'une draperie sont cause des formes des plis. Les anneaux d'un rideau, suivant leur écartement, occasionnent des plis toujours cylindriques, plus ou moins largement tuyautés, qui tombent verticalement lorsque l'atmosphère ou le vent ne vient pas en obliquer ou en tordre la disposition régulière.

La voile d'un navire gonflée par le vent n'a pas la même forme que par un calme plat. Tout cela mérite d'être observé pour être rendu par le peintre.

La banderolle ou flamme accrochée au bout d'un mât affecte une forme ondulée spéciale; selon le vent, toutes les draperies volantes subissent la loi mécanique de la pondération. Une corde tirée par les deux bouts n'est jamais une ligne droite, elle est toujours un peu parabolique.

Une pierre lancée en l'air décrit une parabole rigoureuse et invariable. La courbure des tiges des plantes est soumise aux inflexibles formes que leur inflige le poids de la fleur et des feuilles, et le vent par sa force vient y joindre ses modifications, ce qui prouve une fois de plus que rien dans la nature n'est affranchi des lois de Dieu et n'est donné au hasard. La nature seule enseigne toutes les règles.

Règles du goût.

Le goût se forme par les bonnes habitudes que l'œil et l'esprit contractent de ne s'arrêter qu'au beau et de fuir comme la peste tout ce qui répugne. Il se cultive par une éducation continuelle, de tous les instants.

Les formes agréables nous plaisent parce qu'elles nous rappellent de belles créatures, d'élégants oiseaux, de charmantes fleurs; nous transportons ces formes dans nos œuvres, absolument comme nous transportons les mots bien choisis dont la lecture, l'audition ou la méditation des bons auteurs nous ont enseigné l'heureuse application, à l'interprétation des pensées qui nous sont propres.

F. Goupil,
Peintre de la Manufacture de Sèvres.

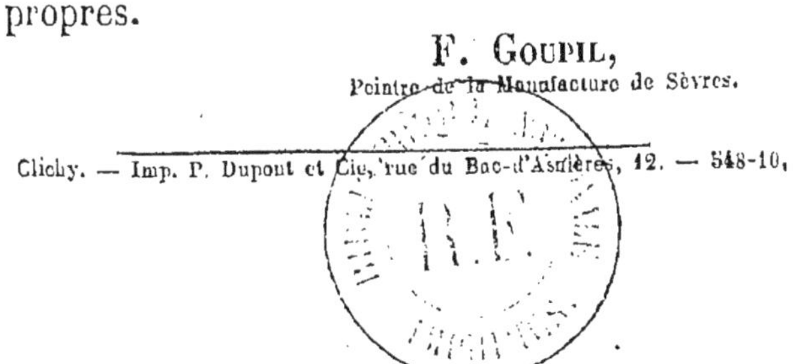

Clichy. — Imp. P. Dupont et Cie, rue du Bac-d'Asnières, 12. — 548-10.

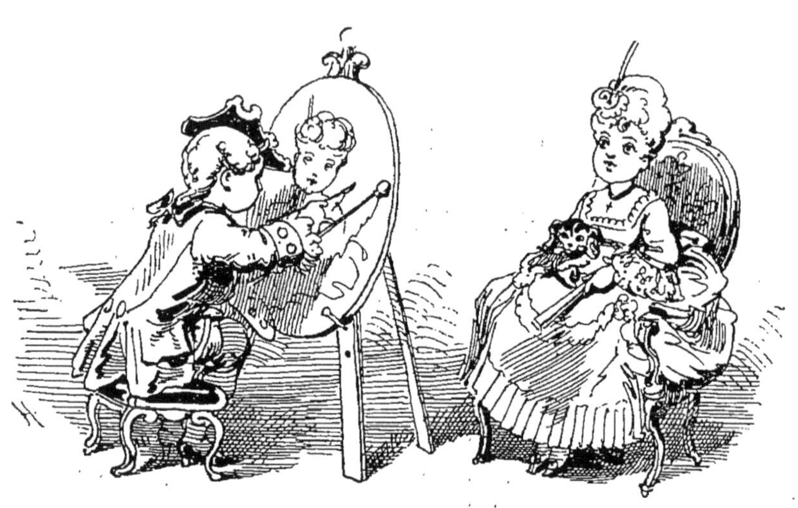

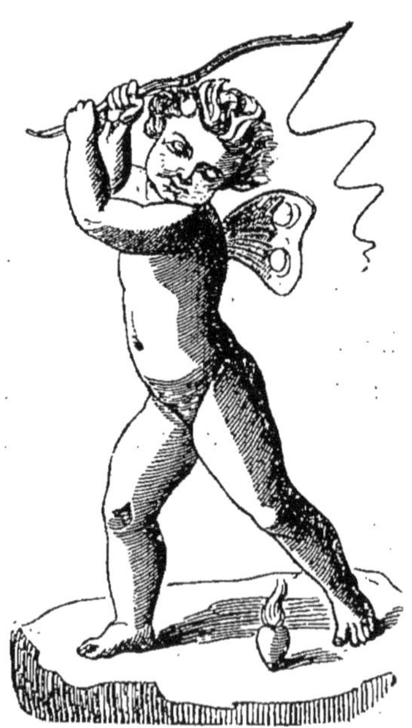

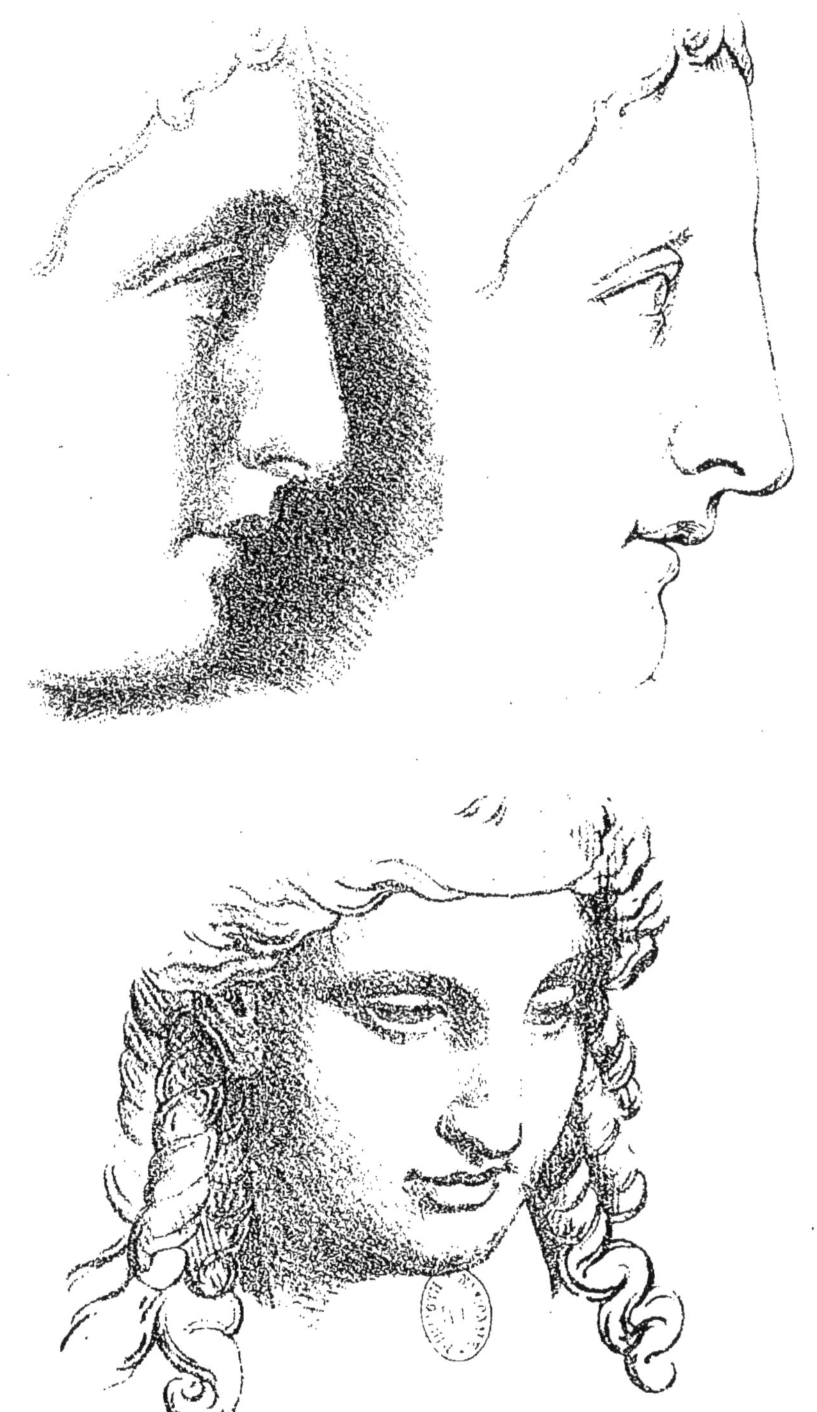

7

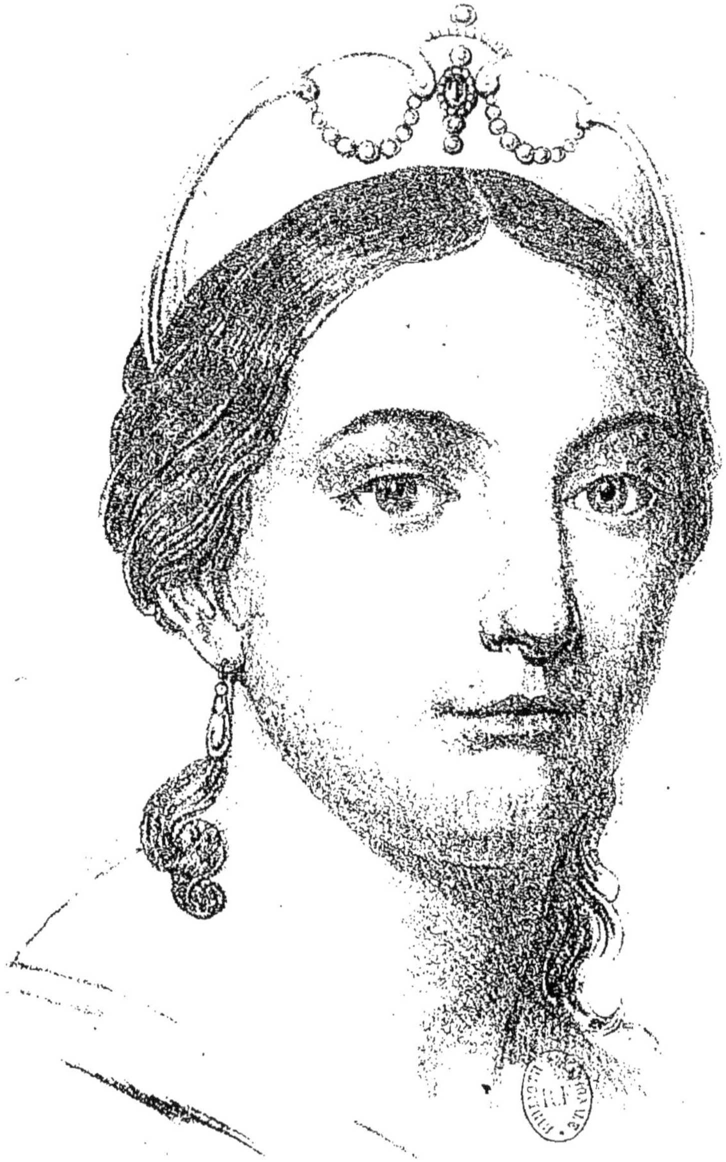

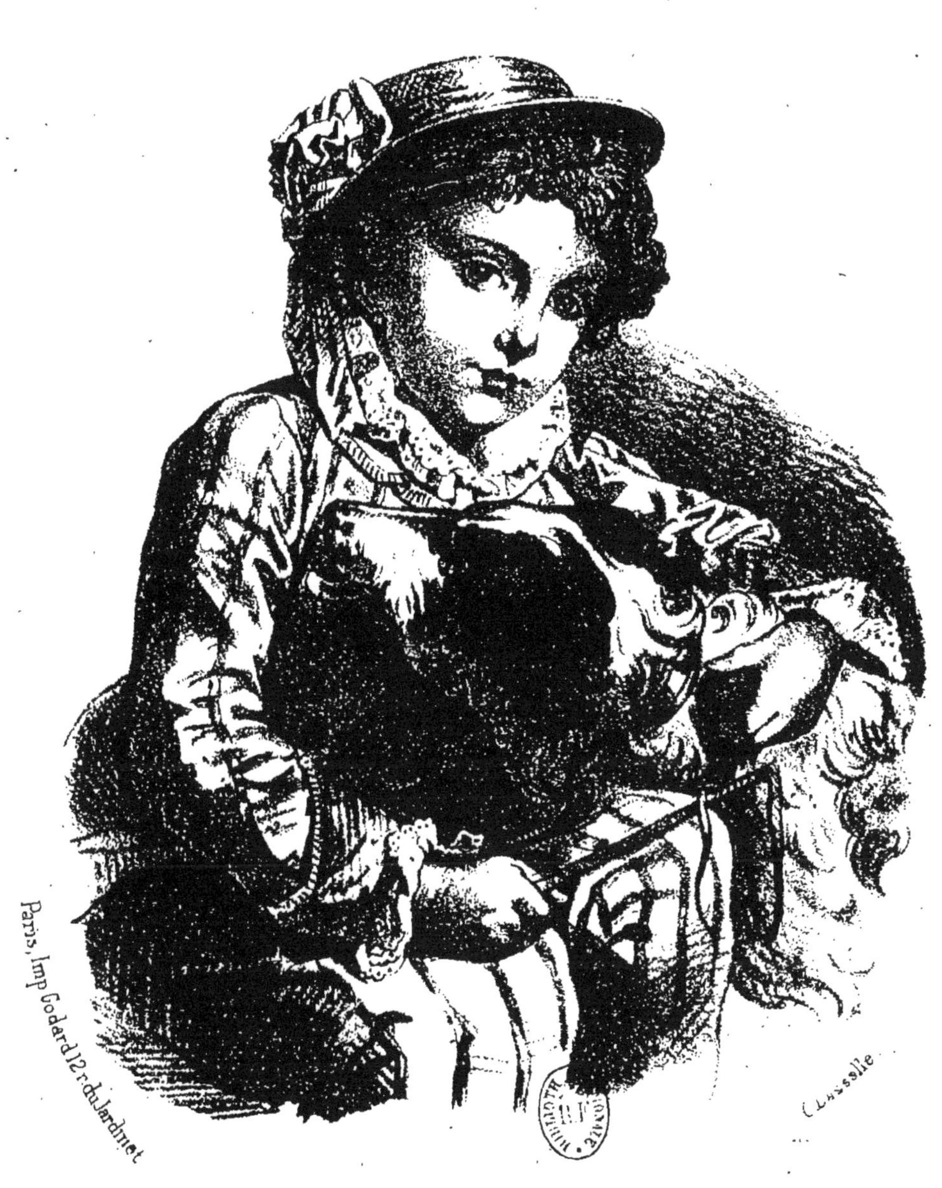
Paris, Imp Godard 12 r. du Jardinet
C. Lasselle

Clichy. — Impr. M. LOIGNON, Paul DUPONT et Cie, rue du Bac-d'Asnières, 12.

www.ingramcontent.com/pod-product-compliance
Ingram Content Group UK Ltd.
Pitfield, Milton Keynes, MK11 3LW, UK
UKHW012104240726
13965UKWH00004B/1534

9 782013 062213